AF226718

LA NOUVELLE LOI ÉLECTORALE

ET LES ÉLECTIONS

PARIS

IMPRIMERIE BALITOUT, QUESTROY ET Cᵉ

7, rue Baillif, 7

LOI ÉLECTORALE

ET LES ÉLECTIONS

Par un Électeur de la Drôme

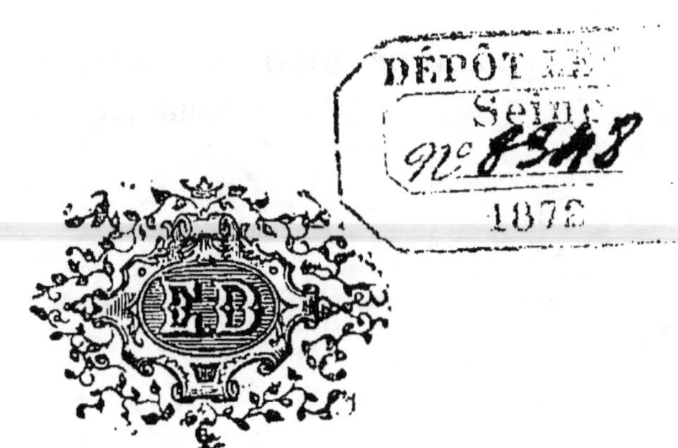

PARIS

E. DENTU, LIBRAIRE-ÉDITEUR

PALAIS-ROYAL, 17-19, GALERIE D'ORLÉANS

1872

LA
NOUVELLE LOI ÉLECTORALE
ET LES ÉLECTIONS

M. Thiers et ses ministres se trompent considérablement, s'ils croient que le résultat des dernières élections est, de la part des électeurs, un témoignage d'adhésion à leur politique et de satisfaction pour le régime actuel de la France.

A l'exception d'un bien petit nombre, les députés élus n'ont dû leur succès qu'à ce que, parmi les divers concurrents, ils représentaient ce qu'on appelle le parti le plus avancé; et l'ex-dictateur Gambetta ne se fait pas une moindre illusion s'il croit trouver dans ces succès, même placés sous son patronage, la preuve que la majorité des votants penche vers la nuance politique qu'il représente, laquelle, du reste, ne diffère guère de celle qui prévaut en ce moment, qu'en ce que son triomphe amènerait les amis de M. Gambetta à remplacer dans les ministères et les préfectures les amis de M. Thiers.

Il n'est plus permis de s'y tromper, les élections radicales visent beaucoup au-delà de M. Gambetta. Les majorités d'occasion qui l'ont emporté sur leurs timides adversaires, se soucient aussi peu de ce que nous avons sous le nom de République

que de la Monarchie, de l'Empire, ou de tout autre gouvernement qui voudra maintenir l'état social actuel. Mais il y a une nouvelle école qui promet hardiment une nouvelle distribution des avantages du pouvoir et de tous les biens publics ou particuliers; et c'est cette école dont les prosélytes ont fait les dernières élections, et s'apprêtent à faire aussi sûrement toutes celles qui se présenteront encore, si on ne se décide pas à les combattre sérieusement. Elle se dit républicaine, parce que le mot de république peut tout dire, depuis le gouvernement presque autocratique que nous avons, jusqu'à l'extrême désordre; mais, il faut l'avouer, c'est surtout dans ce dernier sens qu'on doit l'entendre. Proverbialement, république signifie pour le peuple absence d'autorité et de lois.

Cette école préconise aujourd'hui l'avènement de Gambetta à la présidence, parce que, pour quelques jours encore, elle a besoin d'un peu de dissimulation, et que le nom de Gambetta lui assure l'aide de quelques timides et de quelques dupes; mais que celui-ci ne s'y trompe pas : le jour où nous aurons une Chambre gambettiste, ce n'est point lui, Gambetta, qui sera président, ce sera Rochefort, Assy ou Cluseret, ou plutôt, en dépit des jeunes ambitions, Blanqui, Ranc ou quelqu'un de leurs pareils. Alors nous verrons Duportal régner plus despotiquement que jamais à Toulouse, Esquiros administrer Marseille, Favier commander en maître à Lyon; et l'armée sera en partie licenciée, en partie rendue aux officiers naguère éliminés par la commission et revenant pleins de fiel, et à sa place la garde nationale, si *utile*, comme on l'a vu, pour le maintien de l'ordre, sera réarmée, et, pour couronner tout cela, la Prusse réjouie nous dira qu'elle a besoin de nouvelles garanties et saura les prendre.

Or, ces choses sont prochaines, et elles arriveront légalement, sans qu'il soit besoin d'émeutes ni de barricades, et sans que le peuple de Belleville ait à envahir la Chambre; car, grâce au système absurde et menteur de suffrage dont nous jouissons, il aura peuplé la Chambre de ses émissaires ou serviteurs les plus dévoués.

Cependant, on ne saurait trop le répéter, les ennemis du désordre sont encore en grande majorité dans le pays et forment l'élite de la nation ; mais les uns sont rebutés par quelques insuccès, les autres sont fascinés ou intimidés par l'activité et l'audace de leurs ennemis ; et ils renoncent pour la plupart à toute lutte politique, s'efforçant de fermer les yeux à l'approche du gouffre.

Il y a plusieurs causes à cette situation, et elles sont de différents ordres ; mais l'une des plus importantes est certainement le dégoût qu'inspire le mode d'élections en usage. Adopté sans contestation dans un moment d'urgence par la France envahie, il ne peut produire une juste représentation de l'opinion publique.

La situation où se trouvait la France en

février 1871 a atténué alors tous les inconvénients du vote par scrutin de liste, et les élus ont réuni des majorités imposantes. C'est que le temps a manqué en ce moment-là aux faiseurs d'intrigues, et que dans un mouvement spontané les populations ont accordé leur confiance, pour terminer la guerre et en réparer les maux, aux hommes qui y avaient pris la plus noble part, ou qui avaient montré le plus de patriotisme dans toutes les situations. Mais il est impossible de se dissimuler combien ce système est déraisonnable et injuste, et combien il contribue à lasser les électeurs.

Avec lui, une majorité, si faible qu'elle soit, peut dans chaque département écraser la minorité, et ne pas lui laisser une seule voix pour la représenter à la Chambre.

Il peut arriver qu'une différence d'un millier de voix fasse triompher une liste de dix candidats et plus, et que dans tel département trente mille électeurs, par exemple, envoient à la Chambre plusieurs députés, tandis que dans un autre quatre-vingt mille ne parviendront pas à faire une seule élection. En un mot, le parti le plus nombreux a trop d'avantage.

L'élection par scrutin de liste a encore cet inconvénient que les candidats sont la plupart du temps inconnus aux électeurs, qui n'ont aucun moyen de s'éclairer et subissent les influences les plus fâcheuses.

J'ai vu bien des fois des personnes d'une position élevée, des maires de communes importantes ou des hommes ayant beaucoup de relations et d'affaires, ne savoir absolument rien la veille des élections sur le compte de certains candidats dont la liste venait de leur être communiquée et que leurs amis politiques leur imposaient.

Cette ignorance est d'ailleurs ce que recherchent les meneurs de certains partis, pour protéger à la faveur de quelque nom connu des hommes dont les électeurs ne voudraient pas s'ils les connaissaient; ou bien elle désintéresse tout à fait de la lutte les habitants des campagnes, et cela fait encore l'affaire des agitateurs. En réalité, les élections sont faites par délégation, mais d'une façon irrégulière et sans contrôle; et le petit nombre d'hommes qui disposent des choix n'a d'autre autorité que celle qu'il s'est adjugée lui-même. La facilité de se réunir et de communiquer leurs décisions aux journaux, donne toujours à quelques meneurs du chef-lieu une prépondérance forcée sur tous les habitants du département.

On s'explique facilement que les résultats d'un pareil système soient loin d'exprimer la pensée véritable des populations, dont la partie la plus facile à agiter continue seule à se porter avec ensemble au scrutin, sous l'influence de chefs auxquels elle a du moins le mérite d'obéir; tandis que les hommes moins passionnés n'ont aucun goût à confier leurs affaires à des inconnus et abandonnent la lutte.

Heureusement la loi électorale est encore à faire; elle peut remédier en grande partie à cet état de choses, et c'est la seule chance qui nous reste pour détourner le danger de voir la faction la plus insensée s'imposer à la France et amener son démembrement.

Tous les ennemis des révolutions, quelles que soient leurs opinions politiques, doivent s'efforcer de faire disparaître les abus du système électoral actuel et aider de tout leur pouvoir les réformes qu'il est possible d'y apporter. Le suffrage universel a une autorité incontestable, sur laquelle il est impossible de ne pas s'appuyer; il est le maître de la situation, et il ne faut pas le redouter, car, quelles que soient ses défectuosités, si les gens éclairés le veulent, ils peuvent conserver sur lui l'influence salutaire qui doit raisonnablement leur appartenir.

Il y a tout d'abord beaucoup à réformer et modifier dans les articles qui règlent la capacité électorale, et la Chambre recevra sans aucun doute les propositions les plus variées à cet égard, car bien des esprits se sont ingéniés à chercher des conditions offrant plus de garanties que celles d'aujourd'hui pour le bien du pays. Les uns demandent que les pères de famille aient plus de droits que les célibataires, d'autres voudraient seulement reculer l'âge de la jouissance du droit de suffrage et exiger des conditions de domicile et de moralité plus sévères. Il n'est pas douteux que toutes ces idées n'aient déjà assez fixé l'attention publique, pour qu'elles soient étudiées avec soin et discutées quand l'heure viendra. Les changements qui peuvent être introduits dans le mode d'élection lui-même nous semblent avoir été jusqu'ici l'objet de moins de préoccupations, et c'est d'eux seulement que nous voulons nous entretenir ici.

Bien des systèmes ont été imaginés pour satisfaire à toutes les conditions réclamées par l'importance de l'opération des élections et des difficultés qu'elle présente; mais il nous semble que, vu les imperfections nombreuses de la plupart d'entre eux, on peut les réduire à trois principaux que nous allons apprécier en quelques lignes.

En premier lieu, dans l'opinion des gens qui n'ont pas un culte trop respectueux pour les idoles populaires, et qui préfèrent les choses aux mots, le suffrage à deux degrès se présente comme le plus simple dans son fonctionnement, en même temps que le plus approprié à obtenir que le gros des électeurs se rende compte de ce qu'il fait. Peut-être aussi contribuerait-il à arracher certaines fractions des masses aux influences d'affiliations qui leur enlèvent toute liberté et leur sont si nuisibles; mais il ne faut pas se dissimuler qu'il a peu de chances d'être adopté et serait très impopulaire. Les radicaux s'efforceront en effet de le représenter comme une injure envers le peuple et une diminution de ses droits. Nous ne sommes plus au temps où les peuples confiaient aux vieillards et aux sages le soin de faire les lois. Chacun aujourd'hui se croit apte à tout et surtout à gouverner les autres; et les lois sont représentées, non comme des choses nécessaires aux sociétés, mais comme des abus qu'il faut supprimer. Ajoutons que la simple adoption du système d'élection à deux degrés ne suffirait pas pour détruire les vices du mode actuel. Sans doute les diverses opinions auraient plus de facilités à se faire représenter, mais les candidatures par listes cacheraient toujours quelques surprises, et on verrait toujours subsister cette inégalité que nous avons signalée entre les électeurs des Hautes-Alpes, par exemple, qui nomment deux députés, et ceux du Nord, ou autres départements populeux, qui contribuent tous, par un seul vote, à en élire quinze ou dix-huit.

Une autre méthode a été présentée, ou plutôt imaginée, dans le but principalement de donner une satisfaction à tous les partis, en leur offrant un moyen d'obtenir dans les élections par liste la réussite d'un nombre de candidats proportionnel à leur force respective.

Ce système, qui n'a encore été appliqué nulle part, je crois, mérite d'être pris en considération. Il est peu connu, quoique ayant été décrit plusieurs fois dans certains journaux, et il est bon de rappeler en quoi il consiste. Ses inventeurs ayant fort justement admis que si, dans un département, cent mille électeurs ont dix députés à élire, tout groupe de dix mille doit avoir le droit d'être représenté et de faire triompher un candidat. De même, si, sur cinquante mille électeurs, un parti en compte vingt mille, il doit avoir la possibilité d'élire deux députés sur cinq. Ainsi pour d'autres nombres.

Pour obtenir ce résultat, deux moyens semblent se présenter. L'un consisterait à ne permettre à chaque électeur que de voter pour un seul candidat, et à laisser les électeurs se diviser en autant de groupes qu'il y a de députés à nommer; mais la difficulté de former ces groupes égaux équivaut à une impossibilité, on a donc imaginé de donner à chaque votant autant de bulletins séparés qu'il y a d'élections à faire pour le département, chaque bulletin ne devant porter qu'un nom, mais plusieurs et même tous pouvant porter le même. De cette façon dix mille votants peuvent donner cent mille bulletins à un candidat, ce qui est suffisant pour assurer son élection ; vingt mille peuvent en donner cent mille à chacun de leurs deux candidats, et ainsi de suite. Aucun parti ne peut empiéter sur la part due à ses rivaux. Malheureusement, il peut se présenter des complications. Si, sur le nombre de cent mille votants, l'un des groupes politiques ne possède que dix mille partisans et l'autre quatre-vingt-dix mille, celui-ci obtiendra facilement les neuf autres élections ; mais si la proportion des voix n'est pas bien connue d'avance, il peut arriver les plus grandes anomalies.

Supposons que le parti A réunisse 65,000 votants et le parti B 35,000 ; l'élection se faisant pour 10 députés, A aura 650,000 bulletins et B 350,000. Ne connaissant pas bien sa force respective, A porte une liste de 9 candidats; cela fait, en supposant les voix également réparties entre eux, $\frac{650,000}{9}$ ou 72,000 environ pour chacun. Si le parti B a une liste de 4 candidats, ils peuvent avoir chacun $\frac{350,000}{4}$ ou 87,500 bulletins; ceux-ci seront donc élus tous 4, et le parti A n'en aura que 6; mais si B avait imprudemment porté 5 candidats au lieu de 4, il ne pourrait leur donner que $\frac{350,000}{5}$ ou 70,000 bulletins. Les 9 candidats de A en ayant 72,000, seraient donc tous élus les premiers, et 1 seul de B viendrait après eux. On voit qu'il peut y avoir les plus grands inconvénients pour un parti à tenter d'obtenir un trop grand succès. Cela peut amener un échec complet; on sera donc plutôt porté à s'en tenir, dans les divers camps, à un nombre de candidats trop faible, et l'élection sera incomplète.

Mais qu'arrivera-t-il alors?

Si l'on fait un second tour de scrutin pour nommer aux places non remplies, le nombre des bulletins de chaque électeur ne sera plus que celui du nombre de députés restant à élire, et le parti le plus fort l'emportera en totalité.

Ainsi, dans le cas où nous parlons, si deux députés restent à nommer, il est évident que, de quelque façon qu'on s'y prenne, ce sont les candidats ayant 65,000 partisans qui réussiront. Or, ce cas sera fréquent.

Le système perdrait donc par là toute sa valeur, si ceux qui le défendent n'avaient proposé d'annuler alors complétement les élections du premier tour et de tout recommencer. Les partis se trouvant instruits, par la première expérience, de ce qu'ils peuvent tenter, se disposeront en conséquence, et le résultat sera cette fois définitivement acquis.

Dans des élections complémentaires ou partielles, on voit que le même inconvénient existera, et le système n'a plus aucun avantage ; on a dû imaginer, pour remédier à cela, de ne jamais avoir recours à ces élections partielles, et de faire nommer aux élections générales un suppléant pour chaque député, en cas de mort ou de démission.

L'ensemble de ces mesures présente à mon avis de bien grands défauts ; la répartition des voix entre les différents candidats d'un parti peut donner lieu à de graves mécomptes si ce parti n'est pas admirablement discipliné; et, d'ailleurs, de tous les vices du système actuel, un seul se trouve corrigé, ou plutôt atténué.

C'est donc avec une véritable conviction que nous voudrions voir revenir à la division des départements en circonscriptions électorales ne nommant qu'un député chacune.

Le seul reproche sérieux qu'on ait pu lui faire par le passé, est d'avoir permis aux ministres d'arriver, par des remaniements de circonscriptions, à modifier quelques résultats, en déplaçant à leur gré un certain nombre d'électeurs. Mais rien n'est plus facile que de réprimer cet abus, en donnant à la Chambre seule le droit de fixer ces circonscriptions. Il est impossible d'ailleurs de contester que ce mode de vote ne soit celui qui permet le plus aux électeurs, ouvriers ou paysans, de connaître leur mandataire et de se décider par eux-mêmes, au lieu d'être réduits à se laisser guider aveuglément.

Cette raison sera sans doute suffisante pour susciter au système l'hostilité des radicaux; mais la droiture de la majorité saura aussi l'apprécier. Pour les libéraux sincères, il devrait être très précieux de pouvoir revenir à un mode si en harmonie avec les idées de décentralisation qui font tant de progrès; et il serait singulier que les gens qui réclament avec tant d'ardeur l'indépendance de la commune, et qui bravent tous les jours l'autorité centrale du département, persistassent à vouloir être englobés, pour l'exercice du plus précieux des droits politiques, dans les plus nombreuses agglomérations possibles.

Ne peut-on pas aussi espérer que la localisation des luttes électorales ranimera l'ardeur des électeurs attiédis; mais, à cet égard, il y a lieu de prendre des mesures spéciales, et tout le monde sans doute applaudira à l'établissement d'une pénalité pour les abstentions.

Il est juste de reconnaître que les élections par circonscription n'obvient pas directement à l'inconvénient grave que nous avons reproché au système des listes, celui de laisser les minorités sans représentants; mais en multipliant les terrains de lutte qui seraient au nombre de plus de 600 au lieu de 85, comme aujourd'hui, il est clair que cet inconvénient serait bien atténué.

Du reste, une modification fort simple peut résoudre cette difficulté et faire aux minorités une part suffisante. Elle consisterait à attribuer deux députés à toutes les circonscriptions, dont le nombre serait réduit en conséquence, mais en ne laissant à chaque électeur que le droit de voter pour un seul candidat. Il résulterait de cela, que la majorité devrait être de plus des deux tiers des votants pour faire les deux élections, ou du moins que tout candidat parvenant à réunir au moins un tiers des voix, serait élu après celui de la majorité.

Ici l'avantage peut même être pour les minorités, en ce sens qu'une légère infériorité ne les empêcherait pas d'avoir

une part de succès égale à celle du parti
plus nombreux; mais, à notre avis, ceci
ne serait point un mal; d'abord parce
que, sur le grand nombre des circonscriptions, il s'établira beaucoup de com-
pensations; et, en second lieu, parce qu'il
n'est pas juste qu'une faible différence nu-
mérique soumette un parti aux volontés
d'un autre. Comprend-on que six millions
de citoyens imposent à un pays un régime
qui serait odieux aux quatre autre millions. Cela arrivera pourtant si le mode
d'élections donne à ces six millions une
immense majorité dans la représentation
nationale. Si, au contraire, le nombre des
députés des deux partis présente peu de
différence, des transactions se feront sur
beaucoup de points, et le Gouvernement ne

pourra être entraîné à aucun de ces excès de pouvoir qui amènent les guerres civiles ou ruinent les nations.

Les logiciens trop rigoureux, les gens qui aiment à pousser l'application des principes admis jusqu'à la dernière limite, pourront demander pourquoi, si on accorde une représentation aux minorités d'un tiers, on en refuserait à celles qui ne se composent que d'un quart des électeurs..... A cela il n'y a qu'une chose à répondre : En pratique, il est toujours un point où il faut s'arrêter, et ici ce point est facile à marquer, parce qu'il est aisé à un parti de partager ses voix entre deux candidats, tandis qu'on ne saurait le faire entre trois ou plus sans amener des méomptes.

Avec cette modification, le système ancien des circonscriptions électorales nous paraît, en résumé, être la meilleure combinaison pour arriver à une représentation nationale équitable et sincère. Sans oser la recommander aux législateurs, nous appelons sur elle l'attention publique, et nous souhaitons que la presse conservatrice éclaire à cet égard l'opinion et prête l'appui le plus actif à la réforme dont nous avons besoin... Nous espérons surtout que les gens sensés ne se laisseront point influencer par les clameurs d'un parti, qui proclame d'avance avec cynisme l'intention d'écraser ses adversaires et de faire taire toute contradiction s'il arrive au pouvoir.

En cette occasion, il faut s'attendre de sa part à une vive opposition, contre la loi d'abord, ensuite contre son application qui devra être réglementée avec la plus grande précision.

Une surveillance très grande devra être établie pour protéger les opérations électorales contre la mauvaise foi et les abus des autorités locales. Il y a déjà, surtout dans le midi de la France, beaucoup de municipalités que l'on peut considérer comme en guerre ouverte avec le Gouvernement, et faisant une campagne aussi hardie qu'illégale contre l'état social, les principes d'autorité et les idées religieuses· Il faut s'attendre de leur part à de la résistance et de la partialité dans l'accomplissement de toutes les mesures destinées à nous préserver de l'anarchie. Dans certaines petites localités où le contrôle privé des intéressés ne s'est pas exercé, on a relevé des fraudes d'une impudence incroyable. Il faut que la loi prescrive des mesures de surveillance très rigoureuses de la part même des électeurs, et punisse sévèrement les transgressions.

L'influence de toutes les modifications qui peuvent être faites à notre loi électorale actuelle peut donc être très étendue, et rien ne peut contribuer davantage à nous préserver des catastrophes qui nous menacent maintenant de si près ; mais cela seul ne suffira pas à rendre aux gens sensés et modérés la part d'influence qui leur revient, s'ils ne s'aident eux-mêmes.

S'il n'y a que la rigueur de la loi qui les pousse au scrutin ; si chacun, absorbé par ses intérêts individuels, ne prend aucun goût aux affaires publiques ; si la peur même, comme cela paraît être en bien des occasions, empêche beaucoup de gens de montrer leur opinion, c'est que notre nation n'est plus digne du rang qu'elle occupait dans le monde et qu'elle n'est pas apte à se gouverner elle-même.

Heureusement, tout porte à croire que nos faiblesses ne sont que momentanées. Mais, que les hommes entre les mains de qui se trouvent nos destinées ne craignent point de montrer de la hardiesse, quand il s'agit de porter des remèdes énergiques à une situation et à des maux extrêmes. L'opinion les soutiendra et les récompensera.

Paris, novembre 1872.